L. TRANCHANT

La Photographie des Couleurs simplifiée

Méthode directe de M. G. LIPPMANN et Méthode indirecte de CROS et DUCOS DU HAURON

Cet ouvrage contient un jeu d'écrans colorés permettant de faire de la photographie en couleur par le procédé trichrome, au moyen de n'importe quel appareil photographique.

PARIS

H. DESFORGES, ÉDITEUR

39, QUAI DES GRANDS-AUGUSTINS

1903

LA PHOTOGRAPHIE DES COULEURS
SIMPLIFIÉE

OUVRAGES DE L'AUTEUR
PARUS DANS LA COLLECTION DES ANNALES
PHOTOGRAPHIQUES

I. — **La photocollographie simplifiée.** — Procédé permettant d'obtenir rapidement sans matériel et à un prix de revient insignifiant, des épreuves inaltérables aux encres grasses, 2e édition...... .... 1 fr. 00

II. — **L'Illustration photographique des cartes postales.**...................... 1 fr. 25

OUVRAGE RECOMMANDÉ

G. NAUDET. — **La Photographie des couleurs à la portée de tous.** — Un vol. in-18, broché, avec figures............................... 1 fr. 50

Les perfectionnements apportés, d'une part, dans la fabrication des plaques sensibles, d'autre part, dans les procédés photographiques, permettent aujourd'hui à l'amateur d'obtenir assez facilement des photographies en couleurs, par la méthode indiquée en 1869 par Charles Cros et Louis Ducos du Hauron. Dans l'intéressante brochure qu'il vient de publier, M. G. Naudet nous apprend à obtenir aisément de belles photographies en couleurs, soit sur papier, soit transparentes (pour vitraux ou projections). Il suffit de suivre pas à pas ses instructions pour réussir.

LA
Photographie des Couleurs
SIMPLIFIÉE

PAR

L. TRANCHANT

Prix : 3 Francs.

H. DESFORGES, ÉDITEUR
39, QUAI DES GRANDS-AUGUSTINS, 39
PARIS-VI
1903

PHOTOGRAPHIE DIRECTE
DES COULEURS

PREMIÈRE PARTIE

Photographie directe des Couleurs à la portée de tous.

La méthode directe, due à M. GABRIEL LIPPMANN, dite méthode interférentielle, permet seule de reproduire exactement les couleurs de l'original, seule elle donne une solution définitive, alors que les autres méthodes ne donnent qu'une solution approchée du problème de la photographie des couleurs.

Malheureusement, jusqu'à présent, le nombre de ceux qui ont essayé le procédé Lippmann est très faible. C'est qu'en effet, d'une part, s'il a été imaginé de nombreux dispositifs de châssis à mercure, ils ont tous l'inconvénient d'être d'un prix assez élevé, et, d'autre part, la préparation des plaques sensibles est très délicate.

Un habile amateur, M. GODDÉ, a imaginé un modèle très simple de châssis à mercure qu'il a construit lui-même et que tout le monde peut construire aisément ; nous croyons d'ailleurs savoir que sous peu on trouvera de ces châssis dans le commerce à un prix modéré, ce qui permettra d'en posséder plusieurs ; en outre, grâce à trois ans de laborieuses et minutieuses recherches, M. Goddé a pu indiquer un mode très pratique de préparation des plaques sensibles, et — d'ailleurs — on peut aussi utiliser les plaques à l'albumine qui se trouvent dans le commerce et sont couramment fabriquées par M. Chéron.

Châssis à mercure. — Les fig. 1, 2, 3, montrent les détails du châssis à mercure imaginé par M. Goddé.

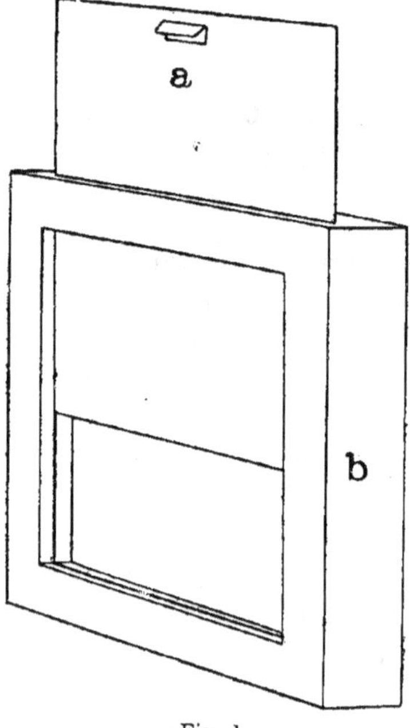

Fig. 1.

Le mercure est contenu dans une sorte de cuve f dont la paroi antérieure est formée par la plaque sensible, la partie émulsionnée regardant le mercure, la partie postérieure par une plaque d'acier d, l'épaisseur par une peau de daim c, le tout étant maintenu par un cadre de bois b. Une plaque d'acier h très mince, emboutie sur les bords, empêche la lumière d'arriver jusqu'à la plaque sensible. Des ressorts en acier i bloquent le tout. Le volet du châssis est une plaque d'acier a.

Un robinet g permet l'accès du mercure M qui est contenu dans un petit réservoir en fer représenté fig. 4. Le fond est fermé par un bouchon S'S' muni d'une ouverture centrale obturée par une peau de chamois PP, destinée à assurer le passage de l'air, tout en empêchant la sortie du mercure. L'ouverture du réservoir à mercure est munie d'un bouchon de bois SS, traversé à son

centre par un petit tube de fer T muni d'un robi-
net. On réunit ce tube T au robinet *g* au moyen d'un tube en caoutchouc. Il suffit d'élever ou d'abaisser le réser-voir pour remplir ou vider le châssis de mercure.

Plaques à l'al-bumine. — Nous avons dit que, com-me plaque sensi-ble, on peut utiliser les plaques à l'al-bumine préparées par M. Chéron.

On commence par les sensibiliser à nouveau, en les plongeant dans le bain

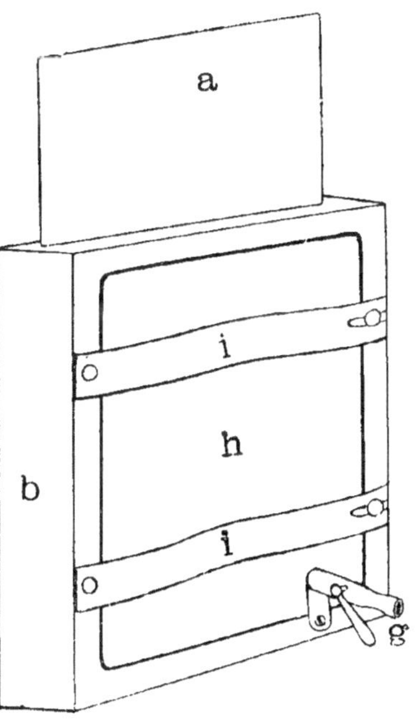

Fig. 2.

Azotate d'argent.............. ....   1^{gr}
Acide acétique glacial......... ....   6^{cc}
Eau distillée................... ... Q. S. pour faire   100^{cc}

opération qui se fait dans un laboratoire éclairé par une lumière jaune. Après environ quarante secondes d'immersion, on lave la plaque de quinze à vingt secondes sous un robinet d'eau courante et on la plonge dans un bain « isochromatisant », soit dans :

Solution alcoolique au 1/500 de rouge de quinoléine   1^{cc}
Solution alcoolique au 1/250 de cyanine..........   2^{cc}
Eau distillée..................... Q. S. pour faire   100^{cc}

soit dans :

Solution alcoolique de cyanine au 1/500............   3^{cc}
Solution alcoolique d'érythrosine au 1/500..........   2^{cc}
Eau distillée..................... Q. S. pour faire   100^{cc}

soit mieux dans le bain :

Solution alcoolique de violet de méthyle à 1 p. 100   1^{cc}
Eau distillée..................... Q. S. pour faire   100^{cc}

recommandé par M. G. Lippmann.

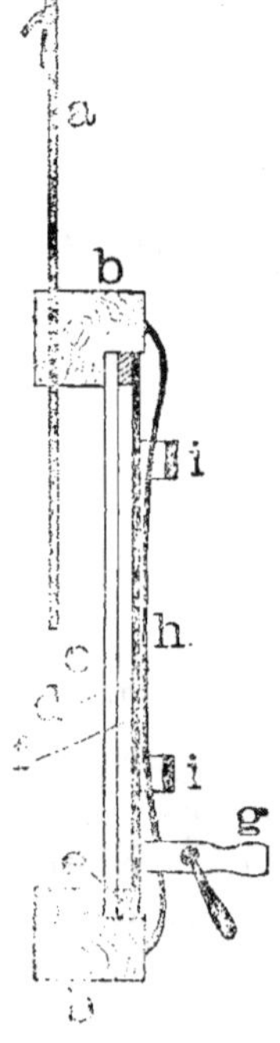

Fig. 3.

Le séjour dans le bain isochromatisant doit durer environ une minute ; on lave quelques instants la plaque en faisant couler sur elle un peu d'eau distillée qui enlève l'excès de matière colorante, puis on la met à sécher dans l'obscurité absolue, ce qui ne demande guère que dix à quinze minutes.

Les plaques ainsi traitées sont prêtes pour l'emploi ; elles peuvent se conserver environ huit jours en hiver, et de deux à trois jours en été.

Avant de mettre la plaque en contact avec le miroir de mercure, il faut lui enlever toute trace d'humidité en la plaçant quelques secondes sur une brique chaude.

L'insolation, dans le châssis à mercure, est d'environ deux minutes, avec un objectif lumineux travaillant à pleine ouverture par un temps clair.

Le développement de ces plaques à l'albumine se fait très bien dans le bain :

Chlorhydrate de diamidophénol *(amidol)*...... $0^{gr},5$
Solution de bromure de potassium à 10 %...   10 à 15^{cc}
Sulfite de sodium cristallisé..................... 5^{gr}
Eau distillée................. Q. S. pour faire 100^{cc}

Il faut renoncer à l'emploi des révélateurs alcalins qui provoquent un soulèvement de la couche. Après développement et fixage, on lave abondamment, et, s'il y a lieu, on renforce par blanchiment au chlorure mercurique et noircissement à l'oxalate ferreux. On lave quelques minutes à l'eau distillée et on fait sécher.

Les couleurs apparaissent progressivement au séchage.

Préparation des plaques. — M. Goddé, à l'une des séances intimes de la Société française de Photographie, a décrit en détail la manière de préparer une émulsion au gélatino-bromure d'argent transparente, continue et sans grain, se prêtant à la photochromie interférentielle. Cette émulsion doit être préparée à la température de $32°$ au maximum. Elle s'obtient au moyen de deux mélanges :

A
{
Eau distillée.. 90^{cc}
Gélatine Drescher................................. 4^{gr}
Bromure de potassium........................ $0^{gr}53$
Solution alcoolique de violet de méthyle cristallisé à 1/500.......................... 3^{cc}
}

B
{
Eau distillée.. 10^{cc}
Azotate d'argent fondu....................... $0^{gr}750$
}

Fig. 4.

On met la solution bromurée A dans un flacon de grès, dans une bouteille à encre, par exemple, recouvert de drap de façon à rendre sa température aussi constante que possible, et on y verse la solution argentique B par petites quantités, en ayant soin d'agiter vigoureusement. On bouche le flacon et on l'agite à nouveau durant deux ou trois minutes.

L'émulsion ainsi obtenue est filtrée à travers du coton de verre préalablement bien lavé à l'eau distillée, dans un entonnoir à filtrations chaudes. L'émulsion filtrée est recueillie dans un flacon de grès entouré de drap placé sous le filtre. On évite les bulles en plaçant dans ce flacon un entonnoir à long col, descendant jusqu'au fond (fig. 5).

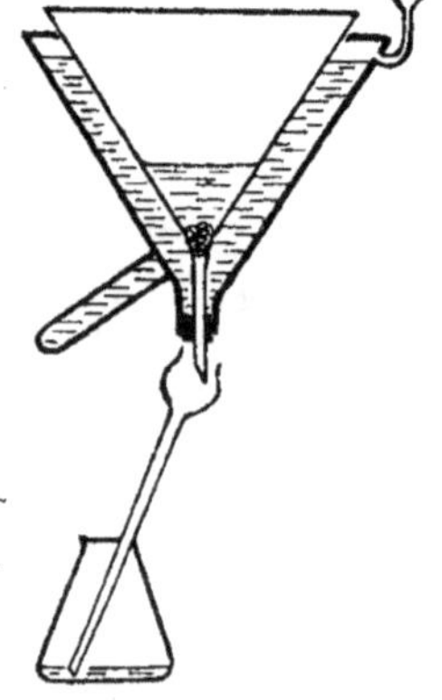

Fig. 5.

L'émulsion s'étend alors, à la manière du collodion, sur des glaces bien propres ; on les égoutte et on les place sur une dalle de verre refroidie. Lorsque la gélatine a fait prise, sans attendre qu'elle soit sèche, on passe les glaces quelques secondes dans l'alcool à 90° et on les lave une demi-heure à l'eau courante.

Après lavage, les plaques sont mises à sécher ; une fois sèches on peut les empaqueter et les garder près de six mois. Elles pourraient à la rigueur être employées telles que, mais il est préférable d'augmenter leur sensibilité en les plongeant, avant la pose, durant une minute, dans le bain :

Eau distillée....... .... 50^{gr}
Solution alcoolique d'érythrosine à 1/400..... .. $0^{gr},25$
Solution d'azotate d'argent à 1 % .... 2^{cc}
Ammoniaque à 22°.. .... $0^{gr},50$

On les égoutte et on les laisse sécher. Elles doivent dès lors être utilisées dans les deux jours.

Temps de pose, développement. — Le temps de pose est variable, selon l'éclairage du sujet à reproduire, selon l'objectif. etc. Trente secondes environ suffisent pour photographier le spectre fourni par un arc électrique alimenté par 15 ampères ; dix secondes permettent de fixer le spectre solaire. On obtient de bonnes reproductions de fleurs, fruits, vitraux, etc., avec une pose de vingt à quarante secondes. En un mot, le temps de pose est du même ordre de grandeur que du temps du collodion.

Après la pose, la plaque impressionnée est blaircautée pour enlever les rares bulles de mercure qui ont pu rester à sa surface, puis elle est developpée.

Le révélateur au pyrogallol obtenu en versant 10 centimètres cubes d'une solution aqueuse à 1 % de pyrogallol dans une cuvette renfermant :

Eau........ ... . 35^{cc}
Ammoniaque à 22°... .... 2^{cc}
Bromure de potassium à 10 %...... 10^{cc}

et en y plongeant brusquement la plaque, est bon.

Le développement doit être terminé en quinze à vingt secondes.

On fixe en plongeant deux ou trois minutes dans une solution d'hyposulfite de soude à 15 %. On lave cinq minutes à l'eau courante et on laisse sécher.

On peut surtout, si l'on craint une surexposition, employer un révélateur moins violent, à la glycine par exemple.

Montage de l'épreuve. — L'épreuve une fois sèche, on examine sa valeur. Pour cela, on la tient horizontale d'une main ; de l'autre main, on verse à sa surface quelques centimètre cubes de xylol ou de benzine cristallisable et on la recouvre d'une feuille de gélatine noire ou de papier à aiguilles, en évitant l'interposition des bulles d'air entre les deux surfaces.

On examine alors l'épreuve en la regardant par la face verre, sous un angle convenable. On trouve aisément cet angle en se plaçant au fond d'une pièce éclairée par une fenêtre et en cherchant à recevoir dans l'œil la lumière extérieure réfléchie par l'image faisant office de miroir.

On peut encore placer l'image au fond d'une cuvette noire en carton durci ou en ébonite renfermant une couche de benzine ou de xylol d'un centimètre d'épaisseur environ.

Si alors l'image n'est pas assez intense, on la renforce comme nous l'avons indiqué ci-dessus.

Lorsque les couleurs sont bien visibles, on procède au montage définitif de l'épreuve.

Il suffit pour cela de la coller, au moyen de baume du Canada, sur un prisme ayant un angle de 10° et de mêmes dimensions que l'épreuve ;

quant au dos (face gélatine), on l'enduit d'un vernis noir à l'alcool.

En suivant rigoureusement les indications ci-dessus, on peut être sûr d'obtenir, après quelques tâtonnements, de magnifiques photochromies interférentielles.

DEUXIÈME PARTIE

PHOTOGRAPHIE INDIRECTE
DES COULEURS

DEUXIÈME PARTIE

Photographie indirecte des Couleurs.

I

PRINCIPE DE LA MÉTHODE

Les perfectionnements apportés, d'une part, dans la fabrication des plaques sensibles, d'autre part, dans les procédés photographiques, permettent aujourd'hui à l'amateur d'obtenir assez facilement des photographies en couleurs par la méthode indiquée en 1869 par Charles Cros et par Louis Ducos du Hauron ; rappelons qu'elle est basée sur ce que le mélange en proportions variables de trois couleurs convenablement choisies, dites couleurs fondamentales (bleu, jaune, rouge), permet de reproduire toutes les nuances de la nature. Le principe de la méthode a été ainsi défini par Ducos du Hauron [1] :

« Si on décompose en trois tableaux distincts, l'un rouge, l'autre jaune, l'autre bleu, le tableau, en apparence unique, qui nous est offert par la nature, et si de chacun de ces trois tableaux on

---

[1] Nous recommandons spécialement à ceux de nos lecteurs qui désireraient connaître les nombreuses recherches faites par Louis Ducos du Hauron, la lecture de l'ouvrage de son frère ALCIDE DUCOS DU HAURON : *La Triplice photographique des couleurs et l'imprimerie.*

obtient nne image photographique séparée qui en reproduise la couleur spéciale, il suffira de confondre ensuite en une seule image les trois images ainsi obtenues pour jouir de la représentation exacte de la nature, couleur et modelé tout ensemble. »

Pour obtenir photographiquement l'image rouge représentant toutes les régions du modèle qui sont rouges ou renferment du rouge (violets, orangés...), nous devons tout d'abord réaliser un *négatif des rouges*, c'est-à-dire une image négative, transparente en tous points, qui correspond à un rouge du sujet à représenter, opaque, au contraire, en tous autres points. Toutes les radiations qui figurent dans le pigment rouge de l'image définitive, et auxquelles la plaque employée est sensible, devront donc être arrêtées avant leur arrivée à la plaque, par un écran coloré convenablement choisi. En particulier, cette condition serait réalisée à coup sûr par un écran dont la teinte soit exactement complémentaire de celle du pigment rouge, c'est-à-dire par un écran vert. De même, toutes les radiations réfléchies par le pigment bleu seront arrêtées par un certain écran orangé; toutes les radiations du pigment jaune seront arrêtées par un écran violet. Remarquons toutefois que, si telle plaque employée n'est que très peu sensible à de certaines radiations que l'on devrait, en principe, éliminer par l'écran, on pourra, sans nul inconvénient, les laisser arriver jusqu'à la plaque. C'est ainsi que, dans la pratique, l'écran jaune pourra être substitué à l'écran vert, si, pour l'obtention du négatif des rouges, on emploie une plaque orthochromative au jaune et au vert, et d'une faible sensibilité pour la région rouge-orangé (plaque Lumière orthochromatique, série A); dans ce cas, en effet, les radiations rouge-orange qui traversent l'écran n'ont pas le temps d'impressionner la plaque. De même, aucun écran n'est nécessaire pour obtenir le négatif du jaune, si la plaque employée est beaucoup plus sensible aux radiations bleu-violet qu'aux autres radiations du spectre (plaques au gélatino-bromure non orthochromatiques).

Cependant, pour obtenir un triage parfait, il faut tenir compte — ce que personne ne semble avoir encore indiqué — de ce que la plaque photographique est sensible aux diverses radiations invisibles, ultra-violettes par exemple, qui n'affectent pas l'œil et que chacun des écrans doit, par conséquent, arrêter (¹).

Comme on le voit, en réalité, l'écran rouge doit laisser passer non pas uniquement les radiations rouges, mais aussi les radiations orangées ; de même, l'écran jaune (qu'on peut remplacer par un écran vert) doit laisser passer le vert et le jaune ; l'écran bleu, le violet, l'indigo et le bleu ; chaque écran doit, en somme, laisser passer environ un tiers du spectre (²).

(¹) Les principales substances incolores absorbant les radiations ultra-violettes sont : le bisulfate de quinine, et surtout les solutions aqueuses très étendues d'acide azotique ou d'azotates alcalins.

(²) Nous avons extrait ce chapitre de l'excellent ouvrage : G. NAUDET, *La Photographie des couleurs à la portée de tous* (H. Desforges, éditeur), 1 fr. 50.

II

DES ÉCRANS OU FILTRES
DE LUMIÈRE

Généralités. — Pour obtenir une reproduction fidèle des couleurs de l'original, les écrans doivent correspondre aux couleurs qui serviront à obtenir les monochromes. Les meilleurs résultats seront obtenus, d'après le baron Von Hubl, si, *au travers de chacun des filtres, deux des couleurs pigmentaires choisies comme couleurs fondamentales, agissent comme du blanc, la troisième se comportant comme du noir.*

Essai des écrans. — Il est d'ailleurs facile d'essayer un écran : il suffit de disposer côte à côte les trois pigments choisis et une bande noire ; en travers de chacun des écrans, l'une des teintes doit se confondre avec la bande noire qui la borde, les deux autres se confondant alors avec le blanc qui constitue les marges ( ).

Un mode d'essai plus pratique a été indiqué par M. G. Naudet (¹).

On dessine sur papier bien blanc un rectangle qu'on divise en trois parties égales : on colore celles-ci respectivement avec chacune des cou-

(¹) L.-P. Clerc : *La Photographie des couleurs*, Encyclopédie des Aide-Mémoire Léauté.

(¹) G. Naudet : *La Photographie des couleurs à la portée de tous.*

leurs qu'on se propose d'employer pour l'image définitive et on photographie ce tableau successivement avec chaque écran, employé avec la plaque correspondante.

Le cliché obtenu avec l'écran jaune (qui servirait à tirer le positif rouge) ne doit être transparent que dans la région correspondant à la partie rouge de notre rectangle, opaque dans les deux autres parties ; de même le cliché obtenu avec l'écran jaune-orangé doit n'être transparent que dans la région correspondant à la partie bleue du rectangle.

Fabrication des écrans. — On peut utiliser comme écrans des cuves en verre à faces parallèles remplies de liquides convenables ; on peut obtenir ainsi un triage parfait ; mais de tels écrans reviennent assez cher, sont fragiles, difficiles à changer, aussi est-il préférable d'employer des écrans pelliculaires.

L'emploi de couches de gélatine colorée, est des plus pratiques ; le plus simple est de prendre une plaque ordinaire (sur verre extra-mince) au gélatino-bromure ou mieux une pellicule au gélatino-bromure et de la débromurer dans une solution d'hyposulfite à 15 % avant de la colorer. La plaque débromurée et lavée est plongée cinq ou six minutes dans la solution colorante, puis on rince légèrement à un courant d'eau et on laisse sécher.

En employant pour l'obtention du *négatif du jaune*, les plaques au gélatino-bromure ordinaire, on peut se passer de l'écran bleu-violet.

L'écran *jaune*, destiné au négatif du *rouge*, s'obtiendra par immersion dans une solution d'acide picrique ou de jaune naphtol : il servira à impressionner une plaque Lumière orthochromatique ou sensible au jaune et au vert.

L'écran *rouge-orangé* destiné au *négatif du bleu* s'obtiendra par immersion de la pellicule débromurée dans une solution d'éosine ou de ponceau d'aniline, additionnée d'acide picrique ou de jaune aurantia. Il servira à impressionner une plaque Lumière sensible au jaune et au rouge.

Nous n'indiquons pas les proportions de matières colorantes à employer, le mieux étant de faire des essais.

M. Léon Vidal a indiqué le mode de fabrication suivant :

Débromurer des plaques sur verre mince en les passant au bain d'hyposulfite, puis les soumettant à un lavage prolongé, mettre à sécher. Plonger ces plaques gélatinées sèches dans les trois bains de teinture (¹) ci-dessous.

B	Bleu de méthylène		2 gr.
	Violet de Paris		2 gr.
Eau		Q. S. pour	100 cc.
R	Eosine jaunâtre		2 gr.
	Jaune naphtol		1 gr.
Eau		Q. S pour	100 cc
V	Vert Sulfo J		2 gr.
	Jaune naphtol		1 gr.
Eau		Q. S. pour	100 cc.

Après séjour suffisamment prolongé pour que la gouche de gélatine soit bien imprégnée, égoutter la plaque bleue et la mettre à sécher directe-

(¹) Les colorants employés par M. L. Vidal, provenaient de la *Cⁱᵉ des Matières colorantes de Saint-Denis* (Poirrier, Dalsace et C¹ᵉ).

tement, sans lavage; les plaques rouge et vio-
lette sont rincées superficiellement avec un peu
d'eau distillée avant d'être mises à sécher. Ces
divers colorants étant affectés par la lumière doivent être maintenus à l'obscurité dans l'inter-
valle des emplois (^{1}).

**Mode de préparation indiqué par MM. Lu-
mière** — Des glaces à faces parallèles de 2 $^{m/m}$
d'épaisseur et très propres sont recouvertes d'une
couche d'une solution à 10 °/₀ de gélatine, aussi
parfaitement filtrée que possible ; après avoir
versé environ 5 centimètres cubes de solution de
gélatine pour chaque glace de 10 centimètres de
côté, on fait prendre en gelée sur une table horizontale refroidie et l'on fait sécher ces couches
de gélatine à l'abri de la poussière.

Les teintures qui servent à préparer les écrans
sont obtenues à l'aide des matières colorantes
suivantes dont nous indiquons les constitutions
afin d'éviter toute erreur :

1° Bleu de méthylène nouveau N (n° 426 de la
table du traité de matières colorantes de Seye-
wetz et Sisley). $C^{18} H^{22} N^3 S^2 Cl$. Cette substance
est le chlorozincate de la diéthyl paramido crésyl-
thiazine :

2° Jaune auramine G. $C^{17} H^{22} N^3 Cl$. (n° 292).
Chlorhydrine de l'amido diméthyl paradiamido
ortho dicrésylméthane :

3° Jaune métanile $C^{18} H^{14} N^3 SO^3 Na$ (n° 29)
Phénylamidoazobenzène métasulfonate de sodium ;

(^{1}) *La Photographie*, 12e année, 1901, p. 142.

4. Erythrosine $C^{20} H^6 I^4 O^5 Na^2$ (n₀ 398) Tétraiodofluorescéine (sel de sodium).

Les bains de teinture sont alors constitués par des mélanges dans les proportions indiquées ci-dessous des solutions de ces matières colorantes :

BAIN VERT.

Solution de bleu de méthylène N. à ½ %..	5 cc.
d'Auramine G. à ½ %..	30 cc.

BAIN BLEU VERT,

Solution de bleu de méthylène à ½ %.......	20 cc.
Eau...	20 cc.

BAIN ORANGÉ.

Solution d'Erythrosine à ½ %..............	18 cc
Solution de jaune métanile saturée à 15°.....	20 cc.

Les glaces gélatinées dont nous avons indiqué la préparation sont immergées dans ces bains de teinture préalablement filtrés et amenés à la température de 20°. Les bains doivent être constamment agités pendant la teinture ; après 5 minutes d'immersion, les glaces sont retirées, lavées sommairement pour éliminer l'excès de solution colorante, et mises à sécher.

Pour arriver à l'intensité de couleur qui convient et afin d'assurer la conservation des écrans, les glaces teintes sont collées deux à deux, couche contre couche, au moyen d'une solution concentrée et visqueuse de Beaume du Canada dans le chloroforme.

MM. A. et L. LUMIÈRE ont mis en vente tous les produits nécessaires à l'obtention des écrans par leur procédé.

Ils ont aussi mis dans le commerce des écrans tout préparés.

Nos écrans. — Nos lecteurs trouveront encartés dans ce volume un trio d'écrans gélatinés tout préparés, qui, s'ils n'ont pas la précision des écrans Lumière leur permettront au moins de faire de premiers essais qui ne manqueront pas de les encourager à continuer. Nous avons d'ailleurs obtenu d'excellents résultats avec ces écrans.

Autres écrans. — On trouvera dans le commerce d'autres écrans tout préparés : tels ceux mis en vente par la *Société internationale de photographie des couleurs.*

Emplacement des écrans. — Les auteurs ne sont pas d'accord à ce sujet : les uns placent les écrans devant ou derrière l'effectif, d'autres près de la plaque sensible. Nos écrans se placent contre la plaque sensible. Les écrans Lumière se placent en arrière de l'objectif.

III

OBTENTION DES TROIS NÉGATIFS

Appareil. — Il existe dans le commerce un certain nombre de modèles de chambres noires permettant d'obtenir les trois négatifs par une seule pose.

Mais on peut aussi utiliser un appareil quelconque, à la condition que cet appareil soit très rigide, et solidement fixé sur un pied stable.

Si on emploie des écrans destinés à être placés derrière l'objectif, on peut les monter à la suite l'un de l'autre, sur un châssis *ad hoc* glissant dans une coulisse que l'on fait facilement établir en arrière de l'objectif.

On peut employer un dispositif analogue pour les écrans placés devant la plaque sensible.

M. G. Naudet [1] a le premier indiqué l'emploi des appareils détectives à magasin :

« Avec un appareil genre détective, il serait au contraire assez difficile de fixer ces écrans à l'objectif ; nous préparerons alors nos écrans au même format que les plaques sensibles, et chacun des écrans sera engagé, en même temps que la plaque sensible, dans le châssis porte-plaque, ce qui d'ailleurs est facile si l'écran est exécuté sur pellicule : cette disposition des écrans, qui néces-

[1] G. Naudet : *La Photographie des couleurs à la portée de tous.*

site, il est vrai, autant de séries d'écrans que l'on se propose d'exécuter de reproductions, permet d'opérer avec une bien plus grande rapidité, puisqu'il suffit alors de manœuvrer trois fois de suite l'appareil détective bien immobilisé, en prenant soin seulement de régler, pour chacune des plaques, le temps de pose nécessaire. On risquera moins, dans ces conditions, de déplacer légèrement l'appareil et de rendre, par la suite, assez difficile le repérage des trois monochromes, que quand on doit, à trois reprises différentes, engager dans l'appareil, puis en retirer les trois châssis négatifs renfermant chacun l'une des plaques. »

MM. PRIEUR et DUBOIS ont fait breveter un dispositif spécial de détective, destiné à mettre en pratique l'indication donnée par M. G. NAUDET.

Des plaques. — Temps de pose. — On peut employer les plaques panchromatiques LUMIÈRE pour obtenir les trois négatifs ; mais il faut alors employer *trois* écrans et de bons écrans. Les écrans contenus dans ce volume permettent l'emploi de ces plaques.

En employant ces plaques, le temps de pose sera déterminé par les règles approximatives suivantes :

I. Pour le négatif du jaune obtenu derrière l'écran violet, il sera le double de celui qu'il faudrait s'il n'y avait pas d'écran.

II. Pour le négatif du rouge obtenu derrière l'écran vert, il sera égal à 20 fois le temps de pose du précédent.

III. Pour le négatif du bleu obtenu derrière

2.

l'écran rouge orangé, il sera 180 fois celui du négatif obtenu derrière l'écran bleu.

Si le temps de pose nécessaire pour obtenir le négatif I, les temps de pose respectifs seront :

I. Négatif du jaune (*écran violet*)..... 1 sec.

II. Négatif du rouge (*écran vert*).... . 20 sec.

III. Négatif du bleu (*écran orangé*) .... 3 min.

Mais il est peut-être préférable d'employer des plaques différentes pour l'obtention de chaque négatif :

I. Une plaque LUMIÈRE, *étiquette bleue*, pour le négatif du jaune (écran violet).

II. Une plaque LUMIÈRE *ortochromatique* A, sensible au jaune et au vert pour le négatif du rouge (écran vert).

III. Une plaque LUMIÈRE *orthochromatique* B, sensible au jaune et au rouge pour le négatif du bleu (écran orangé).

Les temps de pose relatifs varient, bien entendu, avec les écrans. MM. A. et L. LUMIÈRE estiment qu'avec leurs écrans, il faut poser environ dix à douze fois plus avec les écrans orangé et vert qu'avec l'écran violet. En réalité, il faut déterminer ces rapports pour chaque série d'écrans.

Développement. — Le développement des plaques n'offre aucune difficulté.

Si l'on utilise les plaques panchromatiques, le développement doit se faire en lumière verte très faible et placée assez loin de la plaque. Il est d'ailleurs bon de charger les châssis et de recommencer le développement en pleine obscurité.

Si l'on emploie des plaques différentes pour les trois négatifs, il faudra développer les plaques orthochromatiques série A en lumière rouge très faible, les plaques étiquette bleue et ortochromatiques série B en lumière verte très faible.

Le genre d'éclairage le plus commode est certainement celui obtenu par les lampes Decoudun, munies de la cheminée photo-bicolore de cet inventeur.

Il faut éviter toute espèce de voile : aussi si l'on utilise un révélateur alcalin, il faudra employer une proportion très faible d'alcali.

Il faut éviter les clichés durs ; les négatifs doux, sans empâtement des demi-teintes, sont ceux qui conviennent le mieux.

MM. A. et L. LUMIÈRE préconisent l'emploi du révélateur au diamidophénol (¹).

Précautions diverses. — Nous ajouterons les conseils suivants donnés par MM. LUMIÈRE au sujet de l'obtention des négatifs :

1° « *La chambre noire doit être très solidement fixée* de façon à ne pas subir de déplacement au moment de la substitution des plaques et des écrans correspondants ;

2° Nous rappelons que *l'écran bleu-violet doit être employé avec la plaque ordinaire étiquette bleue*, *l'écran vert* avec la *plaque série A* et *l'écran orangé* avec la *plaque série B* ;

3° *Si l'on a à redouter le déplacement de l'objet ou la variation de l'éclairage*, comme c'est le cas dans la photographie d'un paysage ensoleillé, *il est important d'effectuer aussi rapidement que possible les trois opérations et de ne pas perdre*

____

(¹) Nous renvoyons, pour les détails concernant le développement, à l'excellent volume de M. ACH. DELAMARRE : *Les méthodes de développement*, H. Desforges, éditeur (1 fr. 50).

de temps pour le changement des plaques et des écrans ;

4° Il faut éviter le halo avec le plus grand soin. Si ce phénomène accessoire se produisait, ce ne serait pas avec la même intensité sur les trois négatifs et il en résulterait inévitablement des dominantes colorées qui viendraient fausser le résultat de la synthèse définitive.

Les plaques anti-halo avec sous-couche colorée ne conviennent pas pour la photographie des couleurs, parce que la sous-couche ne disparaît pas toujours d'une façon complète, laisse fréquemment des marbrures, zones, traînées, sans importance dans la photographie ordinaire, mais suffisante pour altérer, dans la méthode qui nous occupe, les couleurs de l'épreuve finale.

Pour diminuer autant que possible l'influence de ce phénomène, nous choisissons des plaques à couche épaisse, dont nous enduisons le dos d'un collodion dont la composition est la suivante :

Collodion à 1,5 %, saturé de
Chrysoïdine, c'est-à-dire environ 20 grammes par litre.

On enlève facilement ce collodion avant le développement au moyen d'un tampon de coton imbibé d'un mélange d'alcool et d'éther. »

Nous ajouterons que MM. Lumière ont tout récemment mis dans le commerce d'excellentes plaques orthochromatiques anti-halo.

Etiquetage des négatifs. — Afin de ne pas se tromper, il est bon de marquer de signes différents les trois négatifs. Le mieux est de faire dans un coin, au moyen d'un crayon à mine de plomb :

1° *Un trait* pour le *négatif du jaune*, obtenu derrière l'écran *violet* ;

2° *Deux traits* pour le négatif du *rouge* obtenu derrière l'écran *vert* :

3° *Trois traits* pour le négatif du *bleu* obtenu derrière l'écran *orangé*.

On pourra faire les mêmes marques sur les châssis contenant les plaques.

IV

TIRAGE DES POSITIFS SUR VERRE

1⁰ HYDROTYPIE.

Le procédé le plus simple d'obtention d'images transparentes est basé sur les propriétés de la gélatine bichromatée.

On emploie, pour le tirage des monochromes, des pellicules au gélatino-bromure du commerce ; les pellicules EASTMANN conviennent très bien. Elles doivent autant que possible être fraîchement préparées.

Sensibilisation. — On prend trois pellicules de dimensions légèrement supérieures à celles de l'image qu'on désire obtenir.

La sensibilisation s'effectue dans le laboratoire éclairé à la lumière rouge.

On les sensibilise en les immergeant deux ou trois minutes dans le bain.

Eau.................................. 100
Bichromate de potasse... 3

On les égoutte (¹) et on les met à sécher en pleine obscurité ; à *l'abri des poussières*. On peut, soit les suspendre au moyen de pinces, soit les fixer au moyen d'épingles sur un cadre vide.

(¹) Si, une fois égouttées, il restait quelques gouttes de liquide sur la surface sensible, on les enlèverait au moyen d'un petit tortillon de papier buvard.

Les pellicules sèches étant sensibles à la lumière, on ne doit pénétrer dans le laboratoire qu'en s'éclairant à la lumière rouge.

Une fois sèches, on place les pellicules sur une feuille de papier blanc bien propre, la face émulsionnée étant posée sur le papier et, au moyen d'un tampon de ouate légèrement humide, on nettoie bien le dos de chaque pellicule.

Les pellicules ainsi sensibilisées doivent, autant que possible, être utilisées dans les vingt-quatre heures. On pourrait à la rigueur, en les enveloppant de papier paraffiné et en les maintenant sous pression, dans l'obscurité, les conserver trois ou quatre jours ; mais cette pratique n'est guère à recommander.

Tirage.— On dispose chacun des négatifs dans un châssis-presse avec une pellicule, *le dos de la pellicule étant appliqué contre la gélatine du négatif*, de sorte que la pellicule soit impressionnée à travers le cliché et le support en celluloïd de la pellicule.

L'exposition doit se faire de préférence au soleil; elle durera de 20 à 100 secondes selon l'intensité des négatifs. A l'ombre, il faudrait une exposition de 100 à 300 secondes.

On peut se rendre compte de la venue de l'image en ouvrant do temps à autre un des volets du châssis *dans le laboratoire éclairé à la lumière rouge :* l'image apparaît avec une teinte brunâtre; l'exposition est suffisante lorsque tous les détails du sujet sont visibles.

Dépouillement des pellicules.— Le dépouillement doit se faire immédiatement après l'exposition.

Chaque pellicule est plongée dans un bain d'eau froide qu'on renouvelle plusieurs fois ; cette opération qui doit se faire dans le *laboratoire obscur éclairé à la lumière rouge* dure dix minutes.

On peut dès lors opérer à la lumière du jour faible. On place chaque pellicule au fond d'une cuvette, la face gélatinée en dessus et on verse sur elle de l'eau chauffée à 30° centigrades ; on renouvelle plusieurs fois cette opération. L'eau devient laiteuse et l'image commence à apparaître. On achève le dépouillement en versant sur la pellicule, à plusieurs reprises, de l'eau de 35 à 42° centigrades. Les détails apparaissent de plus en plus. On examine de temps à autre par transparence la pellicule qui présente l'aspect d'une lithophanie. Le dépouillement est terminé lorsque tous les détails sont bien visibles.

La pellicule est alors plongée dans une solution d'hyposulfite à 20 °/₀ jusqu'à disparition complète du bromure d'argent : la pellicule qui était translucide devient transparente.

On lave à plusieurs eaux pour éliminer toute trace d'hyposulfite et on met sécher la pellicule fixée sur un cadre de bois.

Mise en couleurs. — La pellicule sèche est alors plongée dans le bain colorant qui lui correspond ; ce bain doit être placé dans une cuvette en porcelaine parfaitement propre et filtré avant l'emploi.

On trouve dans le commerce des solutions colorantes toutes préparées pour cet usage.

Pendant l'immersion, on a soin d'agiter la cuvette.

On peut employer, pour la solution du monochrome rouge, une solution d'*éosine* ou d'*érythrosine* ; une solution d'*aurantia*, d'*acide picrique* ou de jaune naphtol pour le monochrome jaune ; une solution de *bleu soluble d'aniline* pour le monochrome bleu.

Les bains suivants ont aussi été recommandés :

ROUGE

Carmin	5
Ammoniaque	15
Eau, Q. S. pour faire	100

BLEU

Bleu de méthylène	10
Eau, Q. S. pour faire	100

Le baron VON HUBL préconise les trois solutions suivantes :

ROUGE

Eau	100
Alcool	30
Solution d'érythrosine à 1 pour 200	5

BLEU

Eau	100
Alcool	30
Solution d'Echtgrun Blaulich (¹) à 1 p. 200	15
Bleu méthylène	2
Acide acétique cristallisable	10 g^{ttes}

JAUNE

Eau	100^{cc}
Alcool	30
Solution à 1 p. 200 de jaune de naphtol	10
Solution à 1 p. 200 de méthylorange	10
Acide acétique cristallisable	10 g^{ttes}

(¹) Sous ce nom, l'auteur désigne une matière colorante vert bleuâtre fabriquée par l'*Aktiengesellschaft für chemische à Bâle.*

On doit d'après lui, laisser la pellicule environ une demi-heure dans le bain colorant, la bien laver à l'eau puis la plonger dans le bain :

```
Eau ..........................  100
Alcool .......................   80
Acide acétique cristallisable ...   30 grs
```

additionné au besoin de

```
Glycérine ............  10
```

pour maintenir, après dessiccation, la souplesse de la pellicule.

Ce bain enlève la couleur non combinée à la gélatine, sans diminuer la coloration de l'image.

Au sortir de ce bain, on lave deux ou trois minutes à l'eau et on fait sécher.

Si, une fois sèche, les blancs du sujet sont teintés, on lave à l'eau et on passe à nouveau dans le bain de lavage ci-dessus.

Si on désire diminuer l'intensité de l'image, on ajoute à l'eau quelques gouttes d'ammoniaque ; si, au contraire, l'image est trop faible, on la replonge dans le bain colorant, on relave pour dévoiler les blanc, etc. ([1]).

Obtention du monochrome bleu par virage au bleu de Prusse. — Un excellent procédé pour l'obtention du monochrome bleu consiste à tirer une bonne diapositive sur plaque au chlorure, puis à virer l'image en bleu par le procédé indiqué par M. F. MONPILLARD, dont

[1] *La Photographie.* XIIIe année, page 35 (1er mars 1901).

nous reproduisons ci-dessous la communication à la Société française de Photographie ([1]).

« Le positif obtenu sur plaque Ilford ton noir est, après développement, fixage et complet lavage, immergé dans une solution à 2 p. 100 de ferricyanure de potassium (prussiate rouge de potasse) dans l'eau ordinaire.

« Le précipité constituant l'image blanchit peu à peu ; lorsque l'action du ferricyanure a été complète, ce que l'on reconnaît à l'aspect de l'image qui, au dos de la plaque, doit être aussi blanche qu'à la surface, le positif est lavé à l'eau courante pendant une heure au moins jusqu'à élimination complète de toute trace de ferricyanure de potassium. Les parties de la couche de gélatine dépourvues d'image doivent être redevenues complètement incolores : si, par suite d'un lavage insuffisant, elles présentaient encore une teinte jaune verdâtre, si faible soit-elle, il faudrait absolument laver à nouveau ; sans cette précaution, les portions de l'image qui doivent rester incolores seraient, par la suite, teintées en bleu.

« Le positif est alors plongé dans un bain composé de :

Eau..........................	100
Perchlorure de fer brun.	5
Acide chlorhydrique....	1 à 2

« L'image vire rapidement au bleu ; continuer l'opération jusqu'à ce que la teinte soit aussi intense au verso qu'au recto de la plaque.

« En vue d'éviter la formation de sous-sels qui,

([1]) *Bulletin de la Société française de Photographie.* 15 décembre 1899, p. 593.

en se précipitant, produiraient une sorte de voile sur la surface de la couche de gélatine, il est essentiel d'acidifier ce bain au perchlorure de fer ; malgré la présence d'une notable proportion d'acide chlorhydrique, la gélatine ne tend pas à se décoller, le perchlorure de fer ayant sur elle une action semblable à celle de l'alun.

« L'image est maintenant constituée par du bleu de Prusse et du chlorure d'argent, Il s'agit d'éliminer ce dernier élément, dont la présence aurait l'inconvénient de nuire au brillant de la coloration et à la transparence de la diapositive ; de plus, le perchlorure de fer a formé avec la gélatine même une sorte de combinaison qui communique aux parties incolores de l'image une teinte jaune ocrée qui, bien que légère, vient du plus fâcheux effet à la projection.

« En immergeant la plaque dans un bain d'hyposulfite de soude à 10 °/₀ auquel nous ajoutons 5 à 8 °/₀ de bisulfite de soude, nous éliminons le chlorure d'argent et faisons en même temps disparaître cette teinte jaune de la gélatine par la réduction du persel de fer qui s'y trouvait sombiné.

« Après un lavage sommaire, la plaque est plongée quelques minutes dans un bain d'alun à 5 ou 6 °/₀ contenant o gr. 25 °/₀ d'acide sulfurique ; la gélatine s'y durcit, la coloration s'avive et les traces de sels de fer qui pouvaient subsister s'élimineront plus facilement pendant la durée du lavage qui suit cette opération.

« Le positif est terminé ; il ne reste plus qu'à le monter.

« Cependant, comme sous l'action du perchlorure de fer, la surface de la couche de gélatine s'est légèrement dépolie, il en résulterait, lors de la projection. une légère absorption de lumière qui pourrait nuire en partie au brillant de l'image.

« L'expérience m'a démontré qu'il était très avantageux de vernir la surface de la diapositive, en y étendant. à la manière du collodion, une solution à 10 °/₀ de résine de Dammar dans la benzine cristallisable ; après séchage, qui s'effectue presque instantanément, chauffer très légèrement de façon à évaporer les dernières traces de benzine.

« Les positives virées en suivant la méthode que je viens de décrire ne perdent nullement de leur intensité, bien qu'une partie du précipité constituant l'image se soit trouvé éliminé à l'état de chlorure d'argent.

« La coloration obtenue est d'un beau bleu franc et pur. »

Superposition des monochromes. — Les trois monochromes étant tirés, on commence par les superposer provisoirement, afin de juger des résultats.

On commence par fixer le monochrome bleu au moyen de pinces sur un verre extra-mince bien propre ; puis on place au-dessus le monochrome rouge en superposant exactement les deux images ; quand elles coïncident bien, ou les fixe au moyen des pinces ; si le positif bleu a été obtenu par virage d'une diapositive. il est inutile de prendre un second verre ; on applique sur lui le monochrome rouge, face gélatinée contre face gélatinée ; puis on applique le monochrome jaune. sa face gélatinée étant mise en contact avec le dos du monochrome rouge. Le repérage terminé, on juge de l'ensemble et, s'il n'est pas satisfaisant. on affaiblit comme il a été dit le ou les monochromes trop internes : celui dont la couleur domine ; on renforce ceux dont la couleur est trop faible.

Quand on a obtenu un résultat satisfaisant, les trois monochromes étant repérés et maintenus au moyen de pinces placées tout autour ; on enlève les pinces d'un côté et on colle les trois monochromes sur une largeur d'environ 1 millimètre à l'aide de gomme arabique ou de seccotine ; une fois le bord collé sec, on fait de même pour les trois autres bords ; on recouvre l'ensemble d'un verre de doublure extra-mince et on borde l'ensemble au moyen d'une bandelette de papier noir gommé, comme on le fait pour les diapositives destinées à la projection.

On limite, si c'est nécessaire, le sujet au moyen d'un cadre placé entre le verre de doublure et le monochrome jaune.

2° Procédé Lumière

Préparation des papiers sensibles. — La préparation des couches sensibles destinées au tirage des monochromes présente quelques difficultés. L'uniformité de l'épaisseur de la couche, l'inextensibilité du papier qui la supporte, la parfaite régularité du séchage constituent les points les plus délicats de cette manipulation.

Nous réalisons ces différentes conditions en opérant de la manière suivante :

Des plaques de verre planes et parfaitement

propres sont légèrement enduites de talc, puis frottées au moyen d'un tampon de coton hydrophile jusqu'à ce qu'il ne reste plus de particules visibles de cette substance.

Les bords de la plaque talquée sont ensuite recouverts de la solution suivante :

    Benzine cristallisée.......... 1.000
    Caoutchouc pour dissolution   15

Cette solution est passée au pinceau de façon à former tout autour de la plaque une bande de quelques millimètres de largeur.

Lorsque le caoutchouc est sec, on recouvre la plaque d'un collodion composé comme suit :

    Alcool.. 500
    Éther....... 625
    Coton poudre.... 12,5
    Huile de ricin............   3

Après séchage du collodion, on applique sur la plaque ainsi préparée une feuille de beau papier couché, découpé à la dimension de la plaque. A cet effet, la lame de verre et le papier sont placés dans une cuvette contenant une solution de gélatine à 7 °/₀ amenée à la température de 50° environ.

Le côté baryté du papier est mis en contact avec le verre collodionné. L'excès de gélatine est enfin éliminé à l'aide d'une raclette, puis le tout est mis à sécher.

On recouvre enfin le papier du vernis suivant :

    Alcool.................. 50
    Vernis blanc **A** (Sœhnée)...... 50

Après 12 heures de séchage à la température ordinaire, le support ainsi préparé est prêt à recevoir la couche sensible, dont voici la composition :

Eau.. 1.000
Gélatine pour émulsion........................ 120
Colle forte (Coignet)......................... 120
Bichromate d'ammoniaque....................... 60
Citrate de potasse bimétallique à 25 p. 100... 40^{cc}
Rouge cochenille.............................. 1^{g}
Alcool.. 200

Pour préparer ce mélange, on met la gélatine et la colle à gonfler 12 heures à l'avance, on fait dissoudre au bain-marie de 50 à 60°, puis on laisse refroidir à 35°, et on ajoute successivement et en agitant le bichromate d'ammaniaque, le citrate de potasse, le rouge cochenille et enfin par petites portions l'alcool ; on filtre sur une étoffe fine puis on étend cette substance sensible sur les plaques recouvertes de papier, préparées comme il a été expliqué plus haut, il faut environ 15 c. c. du mélange pour une surface de 13 × 18 c.

Les plaques ainsi recouvertes de la solution gélatineuse sont mises sur une table de marbre ou de verre bien horizontale et refroidie au moyen de glace. Lorsque la couche est prise en gelée, elles sont mises à sécher dans une étuve obscure et bien ventilée dont la température ne doit pas excéder 20°.

La température, le degré hygrométrique de l'air, en un mot le régime du séchage doivent être parfaitement constants pendant toute la durée de la dessiccation, qui ne doit pas excéder 12 heures.

Ce séchage est fort délicat, toute variation pouvant modifier la sensibilité des différentes régions d'une même couche et toute variation de sensibilité se traduisant, dans le résultat final, par des zones colorés inacceptables.

Toutes les précautions prises pour le séchage des papiers au charbon doivent ici être également observées et plus rigoureusement encore que pour les méthodes habituelles.

Après séchage, les papiers sensibles sont décollés des verres qui leur servaient de supports provisoires.

Tirage, développement et coloration des monochromes. — EXPOSITION. — L'exposition des papiers sensibles sous les négatifs s'effectue comme s'il s'agissait de papier au charbon ordinaire. L'image n'étant pas visible pendant le tirage, il faut faire usage de photomètres, et les précautions à prendre au cours de cette opération sont identiques à celles que nécessitent les procédés déjà connus.

REPORT. — Lorsque l'impression est terminée, on procède au report de l'image, et à son développement. A cet effet, on a préparé d'avance des plaques de verre bien nettoyées, talquées et collodionnées comme il a été expliqué au début de la présente note, puis enduites d'une couche de solution étendue de caoutchouc daus la benzine (7,5 pour 1.000).

Cette couche étant sèche, l'épreuve sur papier et la plaque de verre qui doit la recevoir sont immergées pendant 15 à 20 secondes dans une cuvette remplie d'eau glacée, la surface sensibilisée est mise en contact avec la couche de caoutchouc et l'excès d'eau, enlevé au moyen d'une raclette ; le report est effectué en somme comme pour les épreuves au charbon.

Développement. — Avant le développement, le report est mis sous presse entre deux verres pendant 5 minutes, puis plongé dans l'eau froide pendant deux heures pour permettre à la couche de gélatine de se gonfler bien uniformément.

Pour développer, l'image est plongée dans l'eau à 38° pendant 1/2 heure, le papier qui servait de premier support se détache alors facilement, la couche se décolore complètement et le dépouillement de l'image a lieu en un quart d'heure environ et s'effectue d'après les procédés connus. Lorsque toute la gélatine restée soluble est bien dissoute par l'eau chaude, il ne reste plus sur le verre qu'une image incolore présentant un léger relief constitué par de la gélatine insolubilisée.

On lave à l'eau froide, puis on passe la plaque à l'alcool pendant 5 minutes et on met à sécher.

Coloration. — Les images incolores constituées par des reliefs en gélatine sont immergées dans des bains de teintures respectivement rouge, jaune et bleu. Il faut avoir soin de ne pas confondre les monochromes et de marquer ou de séparer les épreuves imprimées sous les 3 négatifs de façon à colorer dans le bain rouge l'image provenant du négatif (série **A**) obtenu avec l'écran vert; dans le bain bleu celle qui correspond au négatif (série **B**) produit à l'aide de l'écran orangé ; dans le bain jaune celle qui se rapporte au cliché pour lequel on a employé l'écran violet.

La composition des bains de teinture est la suivante :

BAIN ROUGE

Eau..	1.000
Sol. à 3 °/₀ d'érythrosine J....	25

BAIN BLEU

Eau...	1.000
Sol. de bleu pur diamine F à 3 %.............	50
Sol de colle forte à 15 %...................	70

BAIN JAUNE

Eau...	1 000
Chrysophénine G.......................	4
Faire dissoudre à 70 et ajouter alcool.....	200

Nous précisons ci-dessous la composition et la provenance des matières colorantes indiquées dans ces formules :

Érythrosine J. $C^{20} H^2 I^4 O^5 Na^2$ Tétraiodoflurescéine. (N° 398 de la table des matières colorantes du Traité de Seyrewetz et Sisley).

Bleu pur diamine FF $C^{24} H^{21} Az^6 S^4 O^{16} Na^4$. Diméthoxydiphénylebisazoamidonaphtoltétra-sulfonate de sodium amidonaphtol. (N° 192 de la Table de Seyrewetz et Sisley).

Chrysophénine G - $C^{30} H^{26} Az^4 S^3 O^8 Na^2$. Stilbène disulfonate de sodium bisazobiphénetol. (N° 207. Table de Seyrewetz et Sisley).

La coloration des monochromes s'effectuant à la température ordinaire exige environ 12 heures d'immersion dans ces bains pour être complète.

Après coloration, les plaques sont sommairement lavées à l'eau froide pour enlever l'excès du bain de teinture. Les monochromes jaunes sont mis à sécher, sans autre précaution, tandis que les rouges et les bleus sont préalablement immergés dans une solution de sulfate de cuivre à 5 °/₀ puis rincés de nouveau.

Superposition des monochromes. — Su-
PERPOSITION PROVISOIRE. — Avant de réaliser la
superposition définitive des trois pellicules colorées, provisoirement fixées sur verre, on procède
à un premier essai. Pour cela deux morceaux de
bois prismatiques A et B sont disposés parallèle-
ment sur une feuille de papier blanc et à une
distance inférieure à la longueur des plaques por-

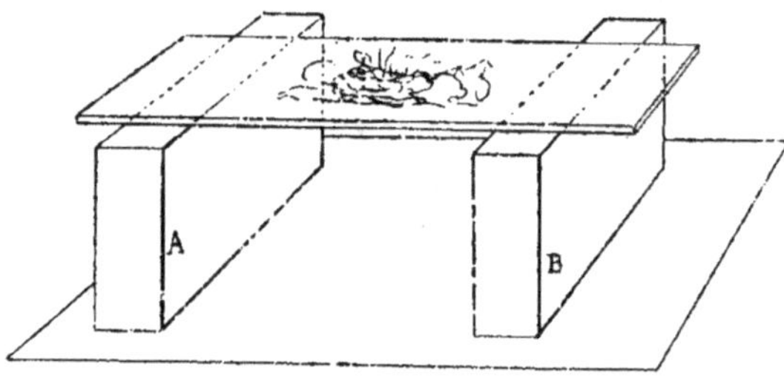

Fig. 6.

tant les monochromes (fig. 6). On place alors sur
ces morceaux de bois, d'abord le verre portant le
monochrome jaune, puis celui qui supporte le
monochrome bleu, que l'on fait alors glisser dou-
cement sur le premier, en évitant de rayer les
couches de gélatine, jusqu'à ce que les images
coïncident. Puis, avec précaution et sans déran-
ger la position relative des deux premiers verres
placés, on applique le verre portant le monochrome rouge, puis on amène de la même manière
la 3e image à coïncider avec les deux autres.

La superposition ainsi réalisée doit être examinée bien perpendiculairement à la surface de
l'épreuve et elle n'est qu'approchée à cause de
l'épaisseur des verres interposés, mais elle est
cependant suffisante pour juger de la synthèse.

2° CORRECTION. — Quelles que soient les précautions prises, il est rare que la représentation des couleurs soit suffisamment approchée ; il faut par conséquent corriger les monochromes. Les corrections peuvent être générales ou locales.

On peut facilement augmenter l'intensité d'une ou deux des images en les immergeant de nouveau dans les bains de teinture.

Par exemple, si la superposition provisoire montre que l'épreuve résultante est trop verte, on renforcera le monochrome rouge.

On peut aussi affaiblir les monochromes, les intensités du jaune et du rouge peuvent être diminuées par simple lavage à l'eau plus ou moins prolongé.

Quant au bleu, il résiste à l'eau froide, chaude, aux acides et aux dissolvants organiques ; nous n'avons trouvé qu'un seul moyen de décolorer ce monochrome ; le bleu pur diamine fixé sur la gélatine chromée insolubilisée qui offre une telle résistance à tous les dissolvants ordinaires, présente cette singulière propriété de dégorger, avec une facilité extrême, lorsqu'on le plonge dans de l'eau contenant une faible proportion de gélatine ou mieux de colle forte (1 °/₀ ou même 0,5 °/₀).

La superposition provisoire peut aussi faire ressortir des zones colorées d'un mauvais effet ; ces irrégularités peuvent aussi être corrigées dans certaines limites ; pour cela on fixe avec des pinces en bois (dites pinces de blanchisseuses) l'ensemble des trois épreuves sur verre, disposées comme il a été indiqué, en prenant la précaution de commencer la superposition provisoire par le monochrome qui doit être corrigé, et

en plaçant la couche de ce monochrome en des-
sous. Il est facile alors, au moyen d'un pinceau
imbibé d'eau, de laver et d'affaiblir les régions
trop colorées.

Étant données les propriétés des couleurs employées, ces corrections partielles ne peuvent pas
porter sur les trois images. Le rouge peut être
affaibli à l'eau pure si la correction doit être
faible ou à l'eau ammoniacale à 5 % si l'intensité
doit être fortement diminuée ; il peut être renforcé à l'aide d'une solution plus ou moins concentrée d'erythrosine.

Le jaune peut être affaibli à l'eau pure, mais
non renforcé localement au pinceau, à cause de
la lenteur avec laquelle la solution saturée de
chrysophénine se fixe sur la gélatine insolubilisée.

Quant au bleu, la fixation lente de la couleur
et la résistance aux dissolvants s'opposent à
l'emploi du pinceau pour les retouches locales
qui ne doivent porter que sur le rouge et le
jaune.

3° SUPERPOSITION DÉFINITIVE. — Lorsque l'essai préalable a montré la complète concordance
des monochromes et que le rouge et le bleu ont
été de nouveau, après correction, passés au sulfate de cuivre et séchés, on recouvre la surface
des 3 images de la solution de caoutchouc à
1,5 % dans la benzine, puis après séchage, de
collodion à 1 %.

Pour coller les pellicules l'une sur l'autre, on
utilise un support provisoire constitué par le papier dont le mode d'obtention a été décrit à pro-
pos de la préparation des papiers sensibles.

Ce papier est appliqué sur le monochrome jaune et collé avec la solution suivante :

        Eau................................... 1.000
        Colle forte........................... 150

après séchage complet en décolle le papier qui entraine avec lui la pellicule jaune, puis on l'applique ensuite sur le monochrome bleu, en faisant usage du mélange suivant :

        Eau................................... 1.000
        Gélatine dure......................... 120
        Glycérine............................. 50

Cette solution chaude est mise dans une cuvette dans laquelle on plonge le monochrome bleu sur verre, puis le papier portant la pellicule jaune, on fait glisser le papier sur le verre jusqu'à ce que les deux images se superposent exactement, l'excès de solution est enlevé à la raclette. Lorsque le papier est entièrement sec, on le décolle de nouveau du verre, ce papier entraine la pellicule correspondant au monochrome bleu, et il porte alors les deux premières pellicules jaune et bleue superposées.

On répète la même opération qui consiste à coller l'image jaune et bleue sur le verre à la surface duquel on a obtenu le monochrome rouge.

On utilise la même solution de gélatine glycérinée; on réalise la superposition de la même manière, on enlève l'excès de liquide à la raclette et on fait sécher.

On décolle enfin le papier sur lequel on a l'image complète avec toutes ses couleurs.

Cette épreuve sur papier peut être en dernier lieu reportée sur verre pour être examinée par transparence, il suffit pour cela de coller l'épreuve sur un verre bien propre toujours avec la même solution de gélatine glycérinée.

Le premier report de la pellicule jaune ayant été fait non à la gélatine mais à la colle forte beaucoup plus soluble, il est facile d'enlever le papier à l'eau tiède lorsque l'ensemble des trois images superposées se trouve définitivement fixé sur le verre qui lui sert de dernier support.

Les images sur papier exigent des monochromes beaucoup plus faibles ; les moindres erreurs produisent facilement des plages colorées, irrégulières ; au contraire, si la photographie en couleurs doit être vue par transparence, les monochromes doivent être intenses, et les irrégularités ont une importance relative moindre. Les manipulations sont donc, dans ce dernier cas, un peu moins délicates.

En prenant toutes les précautions indiquées, les épreuves en couleurs produites, sans avoir une inaltérabilité absolue, peuvent cependant rester exposées à la lumière diffuse pendant plusieurs années, sans présenter d'altération appréciable.

3° PROCÉDÉ DUGARDIN

La Société internationale de photographie met en vente des plaques toutes colorées prêtes à être sensibilisées. Un simple lavage à l'eau suffit pour obtenir chaque monochrome après exposition au châssis-presse.

V

TIRAGE DE POSITIFS SUR PAPIER

Bien que les épreuves en couleurs sur papier ne soient généralement pas aussi belles que les épreuves transparentes, il est aussi aisé de les obtenir.

Nous avons vu que dans le procédé LUMIÈRE on pouvait reporter les trois pellicules sur papier.

M. L. DUGARDIN (¹) préfère l'emploi du procédé au charbon. La préparation des papiers mixtionnés étant assez délicate, la *Société internationale de la photographie des couleurs*, qui exploite les procédés Dugardin, a entrepris leur fabrication.

Nous n'entrerons pas dans le détail du traitement de ces papiers, que l'on trouvera très bien exposé dans la brochure de M. DUGARDIN.

Le procédé à la gomme bichromatée se prête aussi facilement à l'obtention d'épreuves trichromes ; nous renvoyons, pour la technique de ce procédé, aux deux excellents ouvrages de M. G. NAUDET : *La photographie des couleurs à la portée de tous* et *La Gomme bichromatée*.

Nous terminerons ce chapitre en reproduisant un

(¹) L. DUGARDIN : *Traité pratique de la photographie des couleurs*, édité par la Société internationale de la photographie des couleurs, à Paris, qui fabrique les papiers nécessaires.

intéressant article de M. L.-P. CLERC, paru dans le n° du 1ᵉʳ septembre 1901 de la revue *La Photographie*, sous le titre : Photographies en couleurs.

« L'amateur photographe que rebute souvent la grande précision nécessaire dans l'exécution d'une photographie trichrome à nuances exactes peut, en sacrifiant l'exactitude absolue des tons, obtenir sans trop de difficultés des images polychromes d'aspect très agréable quoique ne pouvant plus prétendre au titre de photochromographies.

Le plus souvent on sera conduit, en toute nécessité, à l'exécution de trois négatifs ; nous verrons cependant que dans certains cas leur nombre peut être réduit à deux.

Pour le cas de trois négatifs, il suffit d'utiliser d'une part une plaque ordinaire, sans écran qui fournira le négatif du jaune ; une plaque orthochromatique, sensible au jaune et au vert, exposée sous un écran vert fournira le négatif du rouge ; une plaque orthochromatique, sensible au jaune et au rouge, impressionnée sous écran orangé fournira enfin le négatif du bleu. Pour l'exécution des deux écrans nécessaires, on consultera l'un quelconque des nombreux (¹) articles ou traités publiés sur ce sujet : l'exactitude des nuances étant ici sacrifiée de parti pris, il n'y a pas évidemment de raisons pour préférer l'une ou l'autre des formules publiées.

En tous les cas, le monochrome bleu sera ob-

(¹) *La Photographie*, 1ᵉʳ novembre 1898, page 166 ; 1ᵉʳ septembre 1901, p 142.

tenu par l'exposition sous le négatif correspondant (lui-même exécuté sous l'écran orangé) d'un papier au ferro-prussiate (¹) ou d'une plaque diapositive qui, après développement et fixage, sera virée en bleu par les procédés qui ont été indiqués en tous leurs détails dans ce journal (²).

L'image bleue sur papier au ferro-prussiate peut servir de support pour l'exécution à la gomme bichromatée des deux autres monochromes: en ce cas, on a dû sensibiliser soi-même un papier se prêtant à la mise en œuvre de ce procédé; après achèvement de l'image bleue, celle-ci est plongée telle quelle dans une solution saturée de bichromate de potasse: dès séchage, on étend sur elle la gomme mélangée d'une couleur transparente pour aquarelles, puis on procède à l'insolation et au dépouillement (³). Pour l'insolation, il faut évidemment repérer très exactement le nouveau négatif sur l'image déjà imprimée: ce repérage peut quelquefois être difficile, le papier ayant joué entre les deux tirages; si le papier s'est resserré, ce qui est le cas le plus général, on le dilate en le promenant quelques instants au-dessus d'un vase d'eau bouillante; si, au contraire, il s'est trop distendu, on le chauffe à sec, soit en le présentant à un foyer, soit en y promenant un fer chaud (⁴). Dès que l'épreuve et le né-

(¹) *La Photographie*, 1ᵉʳ décembre 1900, pages 180-184.

(²) *La Photographie*, 1ᵉʳ mars 1899, page 36 et 1ᵉʳ mars 1901, page 35.

(³) *La Photographie*, 1ᵉʳ octobre 1898, pages 145-149.

(⁴) On évite ces déformations en fixant momentanément le papier à une glace par l'intermédiaire d'une feuille mince de gutta-percha: le tout étant disposé sur le verre, on fixe en promenant sur l'ensemble un fer chaud.

gatif coïncident, on les immobilise par des bandelettes gommées et l'on procède au tirage pendant le temps voulu; on notera que la durée d'insolation est assez considérable pour l'exécution des monochromes rouge et jaune, surtout quand la couche de gomme colorée est plus épaisse qu'il n'est nécessaire. Pendant le dépouillement il est indispensable de se guider chaque fois au moyen d'une épreuve tirée sous le même négatif, sur papier avarié ou sur ferro-prussiate, de façon à ne pas enlever au dépouillement des régions qui doivent être conservées : c'est généralement par l'image rouge que l'on commence; on a donc ainsi une image présentant déjà le rouge, le violet et le bleu et qui est déjà assez agréable dans certains cas; sur cette image, on coule une mince couche de collodion, puis une solution de gélatine; après séchage, on sensibilise à nouveau dans le bichromate, puis on étale la gomme colorée par un pigment jaune transparent. On pourrait encore procéder autrement dans le cas, seul envisagé jusqu'ici, d'images sur papiers, et n'exécuter qu'un seul des monochromes à la gomme bichromatée.

Sous le négatif exécuté sans écran, on insolerait un papier au gélatino-bromure qui, après achèvement, serait viré en jaune par transformations successives en ferrocyanure de plomb, puis en jaune de chrome (¹); ce virage terminé et après lavage et séchage, l'épreuve serait plongée telle quelle dans le bain sensibilisateur pour ferro-prussiate, et insolée après repérage sous le né-

---

(¹) *La Photographie*, 1ᵉʳ mars 1899, page 37.

gatif du bleu, exécuté sous l'écran jaune orangé. Sur l'ensemble de ces deux images, et sans qu'il soit nécessaire d'aucun intermédiaire, on créerait la troisième image rouge, par le procédé à la gomme bichromatée.

Ce monochrome rouge pourrait encore être obtenu, quoique de façon un peu moins correcte, en imprimant sous le négatif du rouge, retourné par pelliculage (¹), un papier « au citrate » qui serait viré au ton rouge suivant le mode opératoire de M. Hélain que nous avons récemment publié (²) ; cette image serait enfin séparée de son support actuel et reportée sur l'ensemble des deux premières épreuves (³). On pourrait enfin exécuter sur pellicule mince une image positive en noir qui serait virée en rouge au ferrocyanure de cuivre (⁴) et serait reportée sur l'ensemble des deux premières images auxquelles on la fixerait par une solution de gélatine à peine tiédie. (On aura, au préalable, insolubilisé les deux images à coller par une immersion prolongée dans une solution de formol à 5 %.

Dans bien des cas un paysage peut s'interpréter sans qu'interviennent de nuances franches ; un paysage d'automne sera suffisamment représenté avec deux monochromes, l'un bleu sur ferroprussiate, l'autre brun jaunâtre obtenu par simple fixage d'une épreuve sur papier aristotypique. Le négatif donnant l'impression du bleu

(¹) *La Photographie*, 1ᵉʳ avril 1899, pages 50-54.

(²) *La Photographie*, 1ᵉʳ juin 1901, page 94.

(³) *Transfert des épreuves sur papiers aristotypiques*. *La Photographie*, 1ᵉʳ août 1900, page 128.

(⁴) *La Photographie*, 1ᵉʳ mai 1900, page 69.

sera obtenu comme précédemment sur plaque sensible au rouge, derrière un écran orangé. l'autre sur plaque ordinaire sans écran : M. l'abbé GRABY, curé de Malanges (Jura), a obtenu ainsi d'intéressants résultats (¹); l'image jaune brun étant transférée sur l'image bleue, ou plus simplement même sur un verre où l'on vient ensuite appliquer l'épreuve sur papier au ferro-prussiate. Un paysage en forêt serait mieux rendu avec les deux monochromes jaune et bleu dont nous avons précédemment indiqué le mode d'obtention.

Il y a là, croyons-nous, pour l'amateur doué de quelque patience un vaste champ d'agréables distractions, et surtout un moyen de sortir, sans de trop grandes difficultés, des sentiers battus. Ce sera là, d'ailleurs, un excellent moyen de transition qui décidera, nous l'espérons, ceux qui l'auront pratiqué, à tenter l'application des méthodes plus rigoureuses de la photographie trichrome. »

(¹) GRABY : *Photographie des couleurs ;* nouveau procédé à la portée de tous, 2ᵉ édition, édité par le Photo-Club du Haut-Jura, 42, rue du Pré, à Saint-Claude-sur-Bienne (Jura).

TABLE DES MATIÈRES

Arcis-sur-Aube. — Typ. Léon Frémont.

CHEMINÉE BICOLORE
PERFECTIONNÉE

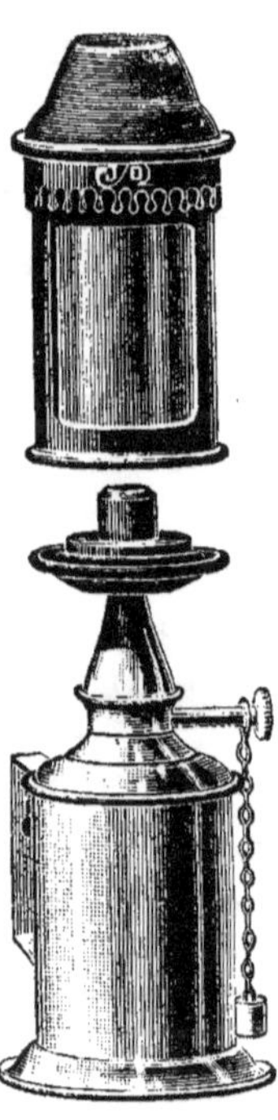

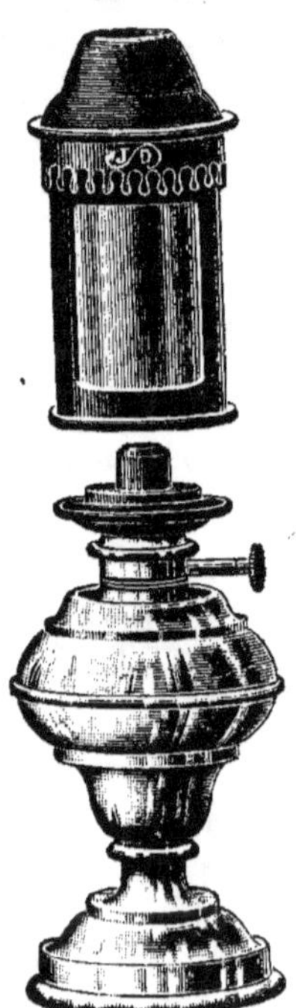

ESSENCE
Minérale.

PÉTROLE
Ordinaire.

Se place sur les lampes à essence minérale du commerce, de préférence sur les systèmes à feutre intérieur.

Se place sur la lampe spéciale, antisuintement, très pratique pour les amateurs désirant éviter l'emploi d'essence

Demander les Prospectus.

J. DECOUDUN, *101, faubourg St-Denis, Paris*

et chez les fournisseurs d'articles photographiques.

CLERC (L.-P.). — **La Chimie du photographe,**
cinq volumes brochés :

I. — *Notions générales de Chimie photographique,*
2e édition. . . . . 2 fr. 00

Dans les *Notions générales de Chimie photographique*, qui forment l'objet du tome I de *La Chimie du Photographe*, le mécanisme de chacune des opérations photographiques essentielles est exposé dans tous ses détails, mais toujours simplement, tout en se gardant cependant avec le plus grand soin des inexactitudes nombreuses que se permettent quelques vulgarisateurs, sous le prétexte de « simplifier la science ». Chacune de ces explications est immédiatement suivie des conséquences pratiques que l'on en peut déduire. Cet ouvrage ne suppose, de la part de ses lecteurs, aucune notion scientifique préalable.

II. — *Les produits photographiques, choix, essai,*
conservation, préparation. — Un volume broché,
in-18, avec un index alphabétique. . . . . 1 fr. 50

On trouve dans ce volume un recueil de renseignements et de conseils relativement au choix, à l'essai, à la conservation et à l'emploi des divers produits photographiques courants. On y trouvera aussi la manière de préparer certains produits. Dans la partie consacrée à la Chimie organique, le lecteur trouvera une définition brève et facilement compréhensible des termes et des notations utilisées dans les mémoires que publient assez souvent les revues photographiques.

III. — *Préparation des surfaces sensibles.* — Un volume
broché, in-18 . . . . 1 fr. 50

M. L.-P. Clerc nous donne aujourd'hui un traité pour la préparation rationnelle de celles des surfaces sensibles (plaques et papiers) qui peuvent réellement être préparées par l'amateur, à l'exclusion de tous procédés nécessitant un matériel compliqué ou une installation spéciale. En ce moment où la vogue est à la sensibilisation des papiers à lettres, des cartes..., ce volume vient en son temps ; l'amateur y trouvera un choix de procédés qui tous ont reçu la consécration de la pratique.

Table des matières. — Plaques au gélatino-bromure, au gélatino-chlorure, à l'albumine. — Papier salé, albuminé, au collodiochlorure, aux sels de fer, au platine, à la gomme bichromatée, etc., etc.

IV. — *Les bains photographiques ; préparation, conser-*
vation, emploi . . . . 1 fr. 50

Le lecteur trouvera dans le nouveau volume de M. L.-P. Clerc toutes les indications relatives à la préparation rapide, au titrage approximatif et à la conservation des diverses solutions et des bains photographiques. Pour les opérations photographiques fondamentales, le rôle de chacun des constituants du bain est sommairement indiqué. Les opérations mal connues du renforcement et de l'affaiblissement y sont particulièrement étudiées.

L'ouvrage se termine par un guide pour la préparation des vernis utilisés en photographie.

V. — *Utilisation des résidus ; Caractérisation des pro-*
duits. . . . . 1 fr. 50

Ce volume, guide indispensable de tous les photographes soucieux de restreindre un peu leurs dépenses, indique avec tous les détails désirables les meilleurs moyens de tirer parti des résidus photographiques renfermant, sous diverses formes : rognures, bains de fixage, bains de virage, les métaux précieux d'usage courant en photographie. La seconde partie met à la portée de tout amateur les moyens de reconnaître, sans l'acquisition d'un matériel ou de réactifs spéciaux, les divers produits d'usage courant et permet ainsi d'éviter les confusions résultant des erreurs ou des oublis d'étiquetage et les pertes qui s'en suivent. Une table générale des cinq volumes de la collection *La Chimie du Photographe* termine ce volume.

Clerc (L.-P.). — Le portrait et les groupes. — Un volume in-8 broché, illustré de 26 figures. 1 fr. 25

C'est assurément dans le portrait que sont commises les fautes les plus grossières, tant de la part des photographes que des peintres portraitistes. Dans l'ouvrage qu'il vient de publier, M. L.-P. Clerc indique les règles qu'il est indispensable de suivre pour faire œuvre d'artiste dans l'exécution si délicate du portrait ; de nombreux croquis appuient les dires de l'auteur. Un chapitre est consacré aux groupes dont l'exécution est assurément, au point de vue artistique, la plus grande difficulté que puisse rencontrer le photographe. L'auteur nous montre comment on peut transformer le groupe proprement dit, en une scène de genre qui peut faire le sujet d'un intéressant tableau.

L.-P. Clerc et G.-H. Niewenglowski — Pratique de l'art photographique. — Traité élémentaire de Photographie. — Un volume illustré de plus de 60 figures, broché. Nouveau tirage... .... 3 fr. »

Le traité élémentaire de photographie publié sous le titre de *Pratique de l'art photographique*, par MM. L.-P. Clerc et G.-H. Niewenglowski, est essentiellement pratique. Tout ce qu'il est indispensable de connaître pour obtenir des photographies artistiques y est passé en revue, depuis le choix du matériel : chambre noire, objectif, jusqu'à l'encadrement de l'épreuve définitive. Le choix du sujet fait l'objet de chapitres spéciaux consacrés au paysage, au portrait, au groupe. Le choix des plaques sensibles, le développement du cliché, sa retouche, le renforcement, l'affaiblissement, sont passés en revue d'une façon complète. Les divers modes de tirage des épreuves positives : papiers aux sels d'argent, à noircissement direct, papier au gélatino-bromure, gomme bichromatée, charbon-velours, etc., sont décrits avec tous les détails et tours de main qu'il faut connaître pour réussir. C'est en un mot le véritable guide de *photographie pratique*.

A. Delamarre. — Les Méthodes de Développement. Un vol. in-8°, broché .... 1 fr. 50

Si les formules de révélateurs que l'imagination fertile des chercheurs a cru inventer sont (ou mieux, paraissent) très nombreuses, les méthodes à suivre pour les utiliser rationnellement ne sont, en revanche, qu'au nombre de trois ou quatre. Après quelques généralités sur l'image latente et la théorie du développement, l'auteur passe en revue ces méthodes : développement à deux cuvettes, développement rationnel, développement lent, décrivant chacune d'elles avec force détails pratiques, et termine par un chapitre consacré au fixage et au lavage.

A. Delamarre. — Les négatifs au gélatino-bromure d'argent, in-8° broché, avec une planche hors texte...................................... 1 fr.

Les papiers au gélatino-bromure peuvent remplacer avantageusement les plaques et pellicules pour l'obtention des clichés négatifs ; ils présentent à ce point de vue nombre de qualités très appréciables : économie, légèreté, absence de halo et de voile, rendement maximum, etc. Dans l'intéressante brochure que M. Delamarre vient de leur consacrer, on trouvera tous les détails nécessaires à connaître pour les employer ainsi : temps de pose, développement, insuccès, tirage des épreuves positives, tout est passé en revue de manière à éviter tout tâtonnement à ceux qui voudront essayer de remplacer les plaques par les papiers.

H. Emery. — Etiquettes photographiques. 0 fr. 60

De ces étiquettes, les unes destinées aux corps solides donnent leurs coefficients de volubilité, les autres destinées aux diverses solutions saturées donnent le poids de sel que contient 1" de chacune d'elles ; d'autres enfin sont destinées aux divers bains.

G. NAUDET. — **Les Agrandissements simplifiés,** *avec une préface* de M. ACH. DELAMARRE, broché, avec fig.. 1 fr. 50

Après quelques considérations généralas, ce volume contient la manière de construire soi-même un agrandisseur automatique à un ou à deux rapports et la manière de transformer une lanterne à projections en un appareil à agrandissements à la lumière artificielle. L'opération proprement dite de l'Agrandissement est ensuite passée en revue dans tous ses détails : choix de la surface sensible, temps de pose, développement et fixage, virage, retouche, montage, encadrement des épreuves agrandies, etc. Il suffira donc au lecteur de suivre pas à pas les instructions de ce petit volume pour obtenir de bons agrandissements.

G. NAUDET. — **La Photographie des couleurs à la portée de tous** — Un vol. in-18, broché, avec figures.. 1 fr. 50

Les perfectionnements apportés, d'une part, dans la fabrication des plaques sensibles, d'autre part, dans les procédés photographiques, permettent aujourd'hui à l'amateur d'obtenir assez facilement des photographies en couleurs, par la méthode indiquée en 1869 par Charles Cros et par Louis Ducos du Hauron. Dans l'intéressante brochure qu'il vient de publier, M. G. Naudet nous apprend à obtenir aisément de belles photographies en couleurs, soit sur papier, soit transparentes (pour vitraux ou projections). Il suffit de suivre pas à pas ses instructions pour réussir

G. NAUDET. — **La Gomme bichromatée** — Procédé photographique permettant d'obtenir des épreuves positives artistiques de toutes couleurs, à un prix de revient insignifiant, un vol. in-12, broché, avec figures.. 1 fr. 25

Le procédé de tirage à la *Gomme Bichromatée* a, pendant ces dernières années, fourni aux chroniqueurs photographiques, matière à d'amples discussions ; la réelle beauté de quelques œuvres exposées aux derniers Salons d'Art Photographique, a créé un mouvement d'opinion des plus sympathique à cet heureux procédé d'interprétation. La facilité qui est apportée à la mise en œuvre de ce procédé, les derniers perfectionnements du mode opératoire, le prix de revient insignifiant et le caractère hautement artistique des épreuves ainsi obtenues, doivent décider tout amateur disposant de quelques loisirs, à l'adoption de ce genre de tirage. La lecture de l'excellent ouvrage de M. G. Naudet lui aplanira toutes les difficultés que l'on rencontre dans ces essais.

G. NAUDET. — **Insuccès photographiques** : *Comment les éviter, comment y remédier.* — Un volume in-12.. 0 fr. 75

Le titre de cet opuscule suffit à en indiquer le plan. C'est le résultat d'une longue pratique des procédés courants de la photographie : les divers insuccès et accidents sont examinés au fur et à mesure de leur apparition possible ; les diverses causes en sont énumérées, les précautions nécessaires pour en éviter le retour sont indiquées en détail, dans tous les cas enfin où il est possible d'améliorer l'image ou s'est produit un de ces insuccès, le remède, toujours choisi parmi les plus simples, est décrit ou tout au moins indiqué. Ce travail, dans lequel chacun trouvera d'utiles renseignements, passe successivement en revue l'obtention du Phototype négatif, puis l'Impression des Photocopies positives aux sels d'argent, par noircissement direct ou par développement, aux sels de platine et au charbon.

G. NAUDET. — **Formulaire pratique de photographie,** rédigé conformément aux décisions du Congrès International de Photographie de 1900, un volume broché.. 1 fr. 00

Au milieu des innombrables formules que proposent chaque jour les revues photographiques, le débutant et souvent aussi l'amateur déjà exercé se trouvent perdus ; en outre, telles de ces formules qui donnent sur le moment d'excellents résultats, doivent être rejetées parce que leur emploi entraîne l'altération des images sur lesquelles elles ont agi. C'est pour éviter au photographe maints tâtonnements inutiles et préjudiciables à ses progrès, que M. Naudet a publié un choix judicieux de formules simples, qui sont devenues classiques. Ce sont d'ailleurs celles que préconisent dans leurs cours MM. Clerc et Niewenglowski, sur la proposition desquels ont été prises au Congrès, les décisions relatives à l'expression des formules photographiques.

G.-H. Niewenglowski. — Principes de l'art photographique. — Un volume broché renfermant 38 figures dans le texte, dont plusieurs reproductions phototypographiques et deux planches photocollographiques hors texte...................... 2 fr. 50

G.-H Niewenglowski. — Impression artistique des épreuves positives. — Un vol. in-8° broché, avec figures .. .. 1 fr. 50

Les photographes artistes, dégageant de plus en plus l'épreuve positive des liens étroits dans lesquels l'enserrait autrefois le cliché négatif, ont mis en honneur divers procédés dont la souplesse convient particulièrement à la réalisation des œuvres d'art. Ce sont ces procédés grâce auxquels l'Epreuve positive est appelée, selon l'expression de M. Puyo, à devenir la servante de plus en plus soumise de la personnalité de l'opérateur, que M. G.-H. Niewenglowski s'est proposé de vulgariser dans l'ouvrage qu'il vient de publier.

A. Reyner. — Les petits travaux du photographe. — Manuel de construction facile des appareils et accessoires de photographie, trois volumes brochés :

I *Appareils*, un volume broché avec figures. . 2 fr. 00

II. *Agrandissement, réduction, accessoires* .. . 1 fr. 50

III. *L'outillage du laboratoire*.............. 1 fr. 50

L. Tranchant. — La photocollographie simplifiée. — Procédé permettant d'obtenir rapidement sans matériel et à un prix de revient insignifiant, des épreuves inaltérables aux encres grasses, 2° édition.
1 fr. 00

L. Tranchant. — L'Illustration photographique des cartes postales............ ...... 1 fr. 25

Dans cette brochure se trouvent tous les renseignements relatifs à l'illustration photographique des cartes postales ; description et mode d'emploi des cartes postales sensibles du commerce ; moyen de sensibiliser soi-même les cartes postales aux sels de fer, d'argent, de platine, etc.; procédés permettant d'obtenir des illustrations en couleur. Les règlements postaux relatifs à la circulation des cartes postales illustrées font l'objet d'un chapitre spécial.

L. Tranchant. — La Photographie des couleurs simplifiée...................... *(Sous presse)*.

BIBLIOTHEQUE NATIONALE DE FRANCE
3 7502 01853773 0